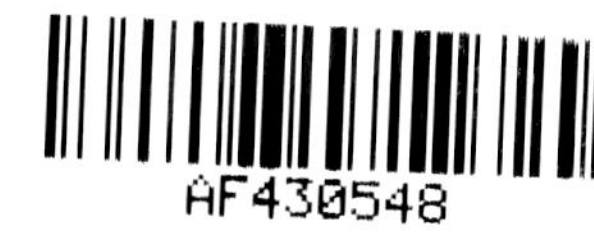
AF430548

www.ingramcontent.com/pod-product-compliance
Lightning Source LLC
Chambersburg PA
CBHW031306130726
47988CB00007B/2759
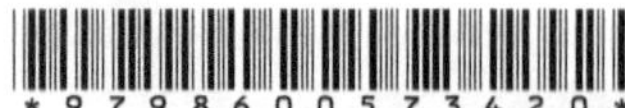